DAS MYSTERIUM MARIAS

DAS MYSTERIUM MARIAS

LUCE IRIGARAY

Aus dem Französischen
von
ANGELIKA DICKMANN

© 2010 Luce Irigaray
Titel des Originalwerks: *Le mystère de Marie*
Übersetzt aus dem Französischen von Angelika Dickmann
© für die deutsche Ausgabe: *Das Mysterium Marias*
Verlag Les Éditions du Crieur Public GmbH, Hamburg 2011
Titelbild: Antonello da Messina (um 1430-1479), *Die Maria der Ver-kündigung*, Alte Pinakothek, München (Teilansicht)
Titelseitendesign: Jean-Christophe Courte, www.barbary-courte.com
Auslieferung und Herstellung: BOD GmbH Hamburg
ISBN 978-3-948325-06-0 Taschenbuch
          978-3-948325-07-7 E-Book

Alle Rechte vorbehalten, insbesondere das der Übersetzung, des öffentlichen Vortrags sowie der Übertragung durch Rundfunk und Fernsehen, auch einzelner Teile. Kein Teil des Werkes darf ohne schriftliche Genehmigung des Co-Verlages reproduziert oder unter Verwendung elektronischer Systeme verarbeitet, vervielfältigt oder verbreitet werden.

INHALT

Von Maria wissen wir nur wenig. Den Evangelien entnehmen wir lediglich ein paar, eher anekdotische Worte, die nicht viel über sie und ihre Beziehung zum Göttlichen mitteilen. In den Gottesdiensten heute ist Maria kaum präsent. So wird sie etwa während der Weihnachtsfeierlichkeiten meiner Gemeinde im Allgemeinen einzig in der Messe erwähnt, die Kindern vorbehalten ist. Die kalendarischen Feiertage, die Maria gewidmet sind – beispielsweise der mutmaßliche Jahrestag ihrer Geburt (8. September), der Tag der Verkündigung (25. März) oder der Tag der Himmelfahrt (15. August) –, werden kaum zelebriert. In der Kirche meines Wohnviertels wurde die Statue, die Maria als Mutter Gottes darstellt, kürzlich aus praktischen Gründen, wie es hieß, versetzt, von der Hauptkapelle, die sich hinter dem Chor befindet, auf einen zweitrangigen Altar, wo sie von nun an eine Heilige von vielen ist. Weitere Darstellungen ihrer Person – solche, die sich auf ihre Erscheinungen in Lourdes oder der Fatima beziehen – sind in einer Art Kapelle im hinteren Teil der Kirche versammelt, neben anderen hochverehrten Heiligen wie Sankt Antonius oder der heiligen Rita.

Maria jedoch kennzeichnet den Beginn des christlichen Zeitalters. Ohne sie würde die Frohe Botschaft des Christentums gar nicht existieren. Sie ist die Bedingung der Fleischwerdung, die erste Vermittlung, die Vermittlerin zwischen Gottheit und Menschheit, zwischen Gott und den Menschen, auf dass eine mögliche Erlösung der Welt stattfinde.

Der volkstümliche Glaubenseifer aber lässt sich nicht täuschen. Er wendet sich vertrauensvoll an Maria, erbaut oder widmet ihr zahlreiche Gebetsstätten, man drängt sich dicht an dicht bei den ihr geltenden Wallfahrten, besingt Maria oder fleht sie an, auch in der Literatur oder in Volksliedern, und selbst dann, wenn dieser Eifer die offiziellen Orte und Gottesdienste meidet. Wird man sagen, dass es sich dabei um Naivität, um einen Rest an Heidentum handelt, um ein Unvermögen, sich zu einer wirklich spirituellen Dimension zu erheben? Handele es sich doch eher um ein Mysterium, das Kindern offenbar wird, den Demütigen, den Armen im Geiste, denjenigen, die reines Herzens sind, denen, die weinen und nach Gerechtigkeit hungern und dürsten. Das Mysterium der Rolle der Frau in unserer Erlösung bleibt einer westlich gelehrten Theologie fremd, deren vornehmlich männliche Logik zu Lasten unserer Inkarnation geht. Mysterium, über welches eine solche Theologie nichts Angemessenes sagen kann, es sei denn manchmal in der Form innerer Sammlung, von Gebet oder Lobgesang, und auch in Form einer Aporie ihres Diskurses.

GÖTTLICH VON GEBURT AN

Das Göttliche ist mit der Luft, mit dem Atem verbunden. Derjenige, der in unserer Tradition mit dem Namen Gott bezeichnet wird, erschafft mit seinem Atem, und diejenigen, die spirituelle Fähigkeiten besitzen, unterhalten eine Verbindung zur Luft, zum Wind, zur Quelle und zur Bewegung des Lebens. Das Diabolische hingegen zieht das Geschlossene vor, fürchtet den Luftzug, kann sich dem Feuer, aber nicht der Luft anpassen. Als Nachahmung des Lebendigen atmet das Diabolische nicht mehr: es nimmt den anderen, der Welt die Luft.

Wir sind gewissermaßen von Geburt an göttlich, aber ein Mangel an Kultivierung unseres Atems lässt uns unsere Göttlichkeit verlieren. Das Ereignis des Sündenfalls, von dem die *Genesis* berichtet, kann so interpretiert werden. Anstatt ihren vitalen Atem zu kultivieren, ihn allmählich in Liebe, in Hören, in Sprache, in Denken zu transformieren, wollten die Frau und der Mann von der verbotenen Frucht essen, um ein Wissen zu erlangen, das nicht ihres war, zu dem sie nicht fähig waren. Eine Kultivierung der Atmung bringt Erwachen mit sich, führt zu einer Erkenntnis des Göttlichen in uns, während das Aus-sich-Heraustreten, um sich das Wissen des anderen anzueignen, die Quelle des Göttlichen verlieren und diabolisch werden lässt.

Wenn die Frau als Hauptschuldige im Sündenfall dargestellt wird, dann zweifellos deshalb, weil sie eine privilegierte Beziehung zum Atem besitzt. Der weibliche Atem bleibt mit dem Leben des Universums verbunden und ist innerlicher; er verbindet ohne Unterbrechung das Subtilste des Kosmos und des Körpers mit dem Spirituellsten der Seele. Die Frau muss sich nicht von der Natur trennen, um sie zu humanisieren, zu spiritualisieren. Wenn die Frau sich treu bleibt, kann sie die Natur divinisieren oder erlösen, indem die Frau unaufhörlich Erde und Himmel vereint durch eine Transformation der Materie mittels des Atems, beginnend mit einer Spiritualisierung ihres eigenen Atems. Indem die Frau mit dem Universum, dessen Luft den Atem nährt und reinigt, stärker in Verbindung steht, ist sie auch fähiger, den Atem in sich zu bewahren in Hinblick auf ein Teilen mit dem anderen in der Liebe und in der Mutterschaft. Von der natürlichen Welt stärker abgeschnitten, gebraucht der Mann seinen Atem zumeist für ein Machen, Produzieren, Kreieren außerhalb seiner selbst.

Die privilegierte Beziehung, die das junge Mädchen zum Atem hat, bewirkt, dass das Göttliche in ihm vollkommener anwesend ist. Das erklärt, weshalb einige Traditionen ein Mädchen oder eine Jugendliche gewählt haben, die Göttlichkeit zu inkarnieren, während es sich beim männlichen Geschlecht eher um einen alten Mann handelt, insbesondere in der jüdisch-christlichen Tradition. Mann und Frau würden nicht im gleichen Alter das Göttliche in sich entfalten können. Und eine noch jungfräuliche Jugendliche wird in unserer Tradition mit der Aufgabe betraut, die Menschheit zu erlösen, sie zu ihrer göttlichen Dimension zurückzubringen.

MARIÄ VERKÜNDIGUNG

Noch jungfräulicher Natur, bewahrt Maria die Fülle der dem Mädchen eigenen Identität der Frau. Sie ist bereits autonom ihrer Mutter gegenüber, und ihr Fleisch wie ihr Atem haben sich noch nicht intim vermischt mit denen eines anderen Menschen. Durch ihren Atem befindet sich Maria noch in Übereinstimmung mit sich und dem Universum. Sie ist eine Heranwachsende, schon in der Pubertät, doch ihre Weise zu atmen ist noch oder fast noch die eines Kindes. Ihr Körper beginnt sich zu regen und den Atem in Teilen zurückzuhalten, die weniger mit dem Ganzen in Verbindung stehen. In diesem Moment ereignet sich die Verkündigung.

Bevor noch ihr Atem vom Dienst einer nur natürlichen Erzeugung in Anspruch genommen ist, wird Maria durch einen Engel, Botschafter oder Inkarnation des göttlichen Atems, aufgerufen, als Frau nicht nur zu einem vitalen, sondern zu einem spirituellen Atem zu erwachen. Der Engel teilt mit ihr nicht bloß den Atem, er wendet sich mit Worten an sie, die sie hört und denen sie antwortet. Die Ankündigung der Empfängnis eines Kindes beschränkt sich also nicht auf eine materielle, physische Emotion oder ein solches Teilen. Sie besteht in einem Austausch an Worten.

Die äußerst umfangreiche Ikonographie der Verkündigung zeigt die Szene bezogen auf den Körper Marias zentriert in Höhe des Brustbeins, das heißt des

Knochens, wo sich einerseits die ersten sieben Rippen
und andererseits die beiden Schlüsselbeine verbinden.
An dieser Stelle berühren, wenn sie dargestellt sind,
der Verlauf des Sonnenstrahls, der Gesang des Vogels
den Körper Marias. Und in Höhe dieser Stelle hält sie
oft die Hände gekreuzt, als wolle sie dort einen Schatz
bewahren, Ort der Transformation ihres vitalen Atems
in einen Liebesatem, der spirituell geteilt werden kann.
Auf bestimmten Ikonen wird hier auch das Jesuskind
dargestellt.

Die jüdisch-christliche Tradition spricht uns nicht von
der Existenz göttlicher Paare, wie es andere Traditionen tun. Vielleicht könnte dies in einer dritten Zeit
geschehen, in der sogenannten Zeit des Geistes, nach
dem Zeitalter der Erschaffung, des Sündenfalls und der
Erlösung der Menschheit. Zeit, in der ein Erwachen
und eine Kultur des Atems ein Teilen erlaubte, dass
nicht nur fleischlich, sondern auch spirituell wäre zwischen denen, die sich lieben.

Dies hätte im Moment der Verkündigung noch
nicht stattgefunden. Als handele es sich noch nicht
um die Hochzeit göttlicher Eheleute, wie sie am Ende
der Apokalypse bei Johannes evoziert wird. Es handelt
sich dann auch nicht einfach nur um Götter, die vom
Himmel herabsteigen, um eine Sterbliche zu lieben
und mit ihr ein Kind, meistens einen Sohn zu zeugen,
einen künftigen Vermittler zwischen Menschen und
Götter – wie es in unserer griechischen Mythologie
geschieht.

Über Marias Liebesleben wissen wir nichts, außer
dass sie mit einem Mann namens Josef verlobt war und

folglich nicht die Keuschheit wählte, zumindest nicht auf physischer Ebene. Und es ist übrigens nicht auf dieser Ebene, dass der Engel sie erweckt, sondern auf der Ebene eines höheren Atems, der von Liebe und Worten animiert ist und der die Kommunikation, sogar die Kommunion zwischen zwei unterschiedlichen Personen erlaubt. Gott legt nicht das Wort, sein Wort in Maria, damit es dort keime wie in einer fruchtbaren Erde, ohne ihr Wissen quasi und unabhängig von ihrem Willen. Gott tauscht Worte mit Maria aus und fragt, ob sie akzeptiert, dass er mit ihr, in ihr lebe.

Zu jener Zeit fehlte dem Gott Israels eine Wohnstätte, seine Existenz war gewissermaßen in Gefahr, in kriegerischen Konflikten zwischen Menschen oder Völkern zerteilt zu werden, die auf die eine oder andere Art sich seiner Macht, seiner Wahrheit, seiner Worte bemächtigen wollten. Anstatt ihr Menschsein zu leben, zu entfalten und miteinander zu teilen, hatte das erste Paar der *Genesis* versucht, sich unmittelbar auf einer mentalen Ebene zu situieren, zu der Mann und Frau nicht fähig waren und die sie in den Schmerz stürzte, sie aus dem „irdischen Paradies" vertrieb, welches ihr Lebensort gewesen war. Das göttliche Wissen, das sie sich anzueignen suchten, ohne zu berücksichtigen, zunächst Menschen zu sein, war zur Ursache des Leids und der Zwietracht zwischen ihnen geworden.

Die göttliche Wahrheit hat sich darüber hinaus in zahlreichen und bruchstückhaften Interpretationen verloren, die auf mehr oder weniger kriegerische Art zwischen Menschen ausgetragen wurden. Der Mensch einerseits, die Wahrheit des Wortes andererseits, entfernten sie sich immer weiter voneinander. Es war notwendig geworden, dass das Wort sich inkarnierte, um zu einer Einheit zurückzugelangen, zu einer Wahrheit, welche die Menschheit erneut als einen Horizont der Transzendenz wahrnehmen konnte. Doch eine derartige Inkarnation erforderte eine nicht nur natürliche, sondern auch spirituelle Virginität, fähig, solche Worte zu hören und zu empfangen.

Anstelle der Erschaffung des Menschen ausgehend von Erde, Wasser und göttlichem Atem, wird von nun an das Wort in der menschlichen Fortpflanzung intervenieren. Das Wort muss Fleisch werden, um lebendig zu sein, animiert durch den Atem; die Menschheit benötigt das Wort, um ihr Werden zwischen einer natürlichen Zugehörigkeit und einer spirituellen Zugehörigkeit fortzusetzen, die nach und nach die erste Zugehörigkeit transformiert, transfiguriert.

Die Frau war aus sich herausgetreten, hatte ihren eigenen Atem aufgegeben, um sich das göttliche Wissen anzueignen, heißt es in der *Genesis*, um auf die Suche nach dem Geliebten zu gehen, heißt es im *Hohelied*. Die Verkündigung des Engels situiert die Frau wieder in ihrem Atem, auf dass sie die Erlösung der Menschheit sichere. Aber dieser Atem ist von nun an mit dem Wort verbunden. Er wird durch den Engel an dem Ort aufgerufen, wo er das Herz nährt, die spirituelle Gewissheit und das Wort – gemäß der Definition der Körperzentren oder *Chakren*, die in bestimmten östlichen Traditionen die physische und psychische Energie vereinen. Seltsamerweise war laut Bericht der *Genesis*, der sich auf den Ursprung der Menschheit bezieht, der Atem der Frau zumindest teilweise aus dem des Mannes entstanden. In Hinblick auf die Erlösung der Welt ist es nun der Atem der Frau, aus dem der des Mannes entstehen wird.

Das Kind hängt in seiner Erzeugung immer von der Atmung seiner Mutter ab: Der Sauerstoff, den es benötigt, wird ihm durch ihr Blut zugeführt. Das Ereignis der Verkündigung transformiert dieses natürliche Phänomen in ein spirituelles. In einem gewissem Sinne ist es das bereits, ohne dass dies durch einen anderen, durch einen Boten Gottes, gesagt und in Gang gesetzt wird. Der Engel lenkt die Aufmerksamkeit Marias auf die Tatsache, dass sie kein göttliches Kind, respektive einen Sohn zeugen kann, ohne ihrer Virginität treu zu sein: Vorbehalt der Seele, imstande, den anderen aufzunehmen, ohne deswegen ihrem eigenen spirituellen Leben gegenüber untreu zu werden. Das erfordert, dass Maria ein persönliches Band zum Göttlichen besitzt, das nicht durch den Mann vermittelt ist, und dass sie dieser Verbindung treu bleibt. Das Ereignis der Verkündigung etabliert oder zelebriert dieses Band zwischen Maria und Gott – unabhängig von ihrem Volk, von ihrer Genealogie, von dem Mann, mit dem sie verlobt ist, und sogar von ihrem zukünftigen Kind.

DIE VIRGINITÄT MARIAS

Zu oft wird von der Virginität Marias in abschätzigen Worten gesprochen, sowohl Maria als auch die Frau und unsere religiöse Tradition betreffend. Wie ein absoluter Patriarch hätte Gott sich gewissermaßen der Jugendlichen Maria bedient, um in ihr einen Sohn zu zeugen, ohne noch eine körperliche oder geistige Beziehung zu ihr aufzunehmen. Gott hätte auf mysteriöse Weise durch die Vermittlung des heiligen Geistes in Maria einen Sohn gezeugt, eine göttliche Figuration, welche die Liebe zwischen Vater und Sohn in der christlichen Trinität repräsentiert. Aus einer solchen Liebe heraus habe Maria empfangen, ohne selbst fleischlich oder geistig an dieser Empfängnis teilzunehmen. In modernen Worten ließe sich sagen, Maria akzeptierte, als Mutter ein Kind auszutragen, das nicht wirklich ihres war.

Eine solche Interpretation unterminiert noch die Grundlagen selbst des Christentums. In der Tat, was könnte die göttliche Inkarnation besagen, wenn diese zur Voraussetzung hat, die Beteiligung des Fleisches und des Geistes der Frau zu annullieren, die den menschgewordenen Gott gebiert? Diese Hypothese stellt selbst für den Gott unserer Tradition eine Beleidigung dar. Er hätte sich verhalten wie der herrschsüchtigste Grundherr, der gegenüber Josefs Verlobte das Recht der *primæ noctis* ausübte.

Es ist kaum vorstellbar, dass die Fruchtbarkeit der christlichen Botschaft in einem derart problematischen Akt verwurzelt sein sollte, wie auch immer die verschiedenen Metaphern lauten, mit denen er ausgestattet ist. So stützen sich noch heute, und womöglich noch stärker als früher, bedeutende Theologen, die sich sonst offen gegenüber der ökumenischen Perspektive zeigen, auf eine solche Interpretation der Geburt Jesu. Sie sei notwendig, um die menschliche und die göttliche Natur getrennt zu halten, argumentieren sie in eher platonischen denn christlichen Begriffen.

Aber wenn gewisse Theologen von gestern und heute auf explizit naturalistische und fast pervers-indiskrete Art sich über das physiologische Hymen Marias befragt haben, welcher von ihnen hat sich tatsächlich interessiert gezeigt an der spirituellen Rolle Marias bei der Empfängnis Jesu und der Erlösung der Menschheit? Nun kann diese nicht ohne die spirituelle Beteiligung Marias stattfinden. Wenn anlässlich des Verkündigungsereignisses das „Ja" Marias bloß die Zustimmung einer Sklavin gegenüber der kapriziösen Laune eines Patriarchen ist, kann es keine Zeit der Inkarnation und auch keine Zeit der Erlösung der Welt geben. Und zweifellos ist diese Zeit noch nicht vollkommen erreicht, und wir verbleiben noch in dieser Trennung von Körper und Geist, die uns daran hindert, aktiv an unserer Divinisierung und an der des Universums, in dem wir leben, teilzunehmen.

Das wäre insbesondere für Frauen der Fall, die durch die Interpretation ihrer Rolle bei der Inkarnation in einer totalen Abhängigkeit vom Wohlwollen des Mannes gehalten werden, von dem angenommen wird, von Natur aus göttlicher als sie und Vermittler zwischen ihr und Gott zu sein. Mann, dessen Samen – ob Sperma oder Worte – das wäre, was erzeugte, dank einer weiblichen Erde, deren einzige Eigenschaften darin bestünden, aufnehmend, fruchtbar und nährend zu sein. Qualitäten, die noch heute als der Frau eigen geschätzt und gelobt werden, denn sie erlauben ihre Integration in eine Gemeinschaft, unter anderen auch die kirchliche, wo sie im Dienst ihres Gebieters und Meisters, ihrer Gebieter und Meister stehen. Was ihr keinerlei Möglichkeit lässt, ihre spirituelle Virginität in Hinblick auf eine natürliche oder spirituelle Geburt zu wahren.

Um das Mysterium der Inkarnation glaubhaft und beachtenswert werden zu lassen, muss Marias Virginität – wie die einer jeden Frau – ihrer Fähigkeit entsprechen, ihren Atem autonom und ihn teilweise disponibel zu halten für das Ereignis einer Zukunft, die noch zu geschehen hat, zur Begegnung mit dem anderen, der in seiner Transzendenz respektiert wird. Das setzt voraus, dass Maria nicht bloß einem Herrn und Gebieter, und sei er göttlich, zur Verfügung steht, sondern fähig ist, sich zu bewahren, um ihr eigenes spirituelles Werden und einen spirituellen Austausch mit dem anderen, insbesondere dem differenten anderen – sei er Vater, Liebespartner oder Sohn – gewährleisten zu können.

Die eigene Virginität zu wahren erfordert eine Fähigkeit zur inneren Sammlung, zu einer Intimität mit sich selbst. Das Wenige, das wir über Maria wissen oder uns vorgestellt worden ist, zeugt von der Bedeutung solcher Haltungen ihrerseits.

DAS SCHWEIGEN MARIAS

In der westlichen Kultur wird das Sprechen im Verhältnis zum Schweigen mehr geschätzt. Wer spricht, manifestiert seine Fähigkeiten. Diejenigen, die schweigen, gestehen ihre Machtlosigkeit oder ihre Unterwerfung ein. Die Bedeutung des Sprechens verglichen mit dem Schweigen ist in gewissen Traditionen, etwa den östlichen, umgekehrt. Für einen Philosophen wie Hegel hätte das Ende unseres Parcours eine Synthese aus allen erdenklichen Diskursen zu sein, und unser Gott ist derjenige, welcher den Schlüssel der Bedeutung der Worte besitzt. Dem gegenüber ist Buddha der Weise, der imstande ist, das Schweigen zu erreichen. In dem einen Fall sollen wir zum Wort streben, im anderen Fall zum Schweigen. Das Schweigen bedeutet also nicht Abwesenheit von etwas, insbesondere von Worten, sondern die Vervollkommnung seiner selbst, das Erlangen einer vollkommenen Interiorität. Einige Darstellungen des Buddha zeigen die Verwirklichung eines solchen Schweigens, das zu einer erhabenen Versammlung des gesamten Seins führt. Buddha gehört einer weniger männlichen Kultur an als unsere es ist, in der das äußere Machen, Kreieren und Sagen verglichen mit einer eher inneren Arbeit und eines solchen Weges mehr geschätzt werden.

Das Schweigen Marias wird oft negativ interpretiert, insbesondere von Frauen. Dieses negative Urteil ist durch westliche Werte inspiriert, die vorherrschend männliche sind. Das Schweigen Marias kann anders verstanden werden. Es kann ein Mittel sein, die eigene Intimität, die Selbst-Affektion zu wahren, um sich nicht zu verlieren, insbesondere durch einen Diskurs, der nicht der eigene ist.

Das Schweigen, begleitet von den Lippen, die einander berühren, ist nicht notwendigerweise negativ, sondern es kann im Gegenteil einen privilegierten Ort der Wahrung seiner selbst darstellen durch eine Wieder-Berührung, welche die Schwelle zwischen dem Innen und dem Außen, Mukösen und der Haut markiert. Die Lippen zu schließen – wie die Handflächen aneinander zu legen und auch die Lider zu schließen – stellt ein Mittel dar, sich zu versammeln, die beiden Bereiche seiner selbst zu vereinen, sich in sich zu versammeln und so zu bleiben oder zu sich zurückzukehren.

Diese innere Sammlung der beiden Teilbereiche zu spüren ist notwendig, um in der Beziehung zum anderen einen Affekt leben zu können, ohne dabei sich selbst zu verlieren. Es ist wesentlich, von der Vereinigung der beiden Teile, die uns ausmachen, auszugehen und zu ihnen zurückzukehren, noch bevor wir in der Lage sind, eine relationale Beziehung mit einem differenten anderen zu leben. Ohne diese Selbst-Affektion, diese Sammlung in sich mit sich, laufen wir unaufhörlich Gefahr, den anderen mit einem Teil unserer selbst zu verwechseln, und uns, zumindest teilweise, mit dem anderen zu verwechseln.

In der griechischen Mythologie können wir eine negative Entwicklung der Lippenstellung bei den Skulpturen der jungen Göttin Kore feststellen, von

dem Moment an, wo Kore als jungfräulich Heranwachsende entführt und gewaltsam mit dem Gott der
Unterwelt „verheiratet" wird: Waren ihre Lippen har-
monisch geschlossen und berührten einander vor der
Entführung durch Hades, sind sie danach entstellt,
zuletzt schließt sich der Mund nicht mehr vollständig,
und die Lippen bleiben geöffnet. Kore-Persephone hat
nach ihrem Raub, ihrer Beraubung durch den Gott der
Unterwelt die Intimität mit sich selbst verloren sowie
die Möglichkeit, zu sich zurückzukehren, in sich zu
bleiben.

Die Rolle der geschlossenen Lippen zur Aufrecht-
erhaltung einer inneren Sammlung erklärt auch die
Reaktion der Verweigerung seitens der jungen Dora,
als Herr K. sie küssen will, während beide im Begriff
sind, einer Prozession zuzuschauen. Freud interpretiert
eine solche Geste als neurotische Manifestierung, während sie mir wie ein legitimer und gesunder Wunsch
erscheint, eine Intimität mit sich selbst zu wahren
– besonders während eines religiösen Geschehens –
gegenüber einem Mann, der das junge Mädchen zwin-
gen will, ihn zu lieben, in der Annahme, dass es ihn
begehrt, ohne es sich einzugestehen. Das entspricht
einer Art Zwang dem Mädchen gegenüber, es zu ver-
gewaltigen, nicht nur physisch, sondern psychologisch,
spirituell.

Die Bedeutung, die Lippen geschlossen zu halten, sich
gegenseitig berührend, wird uns auch durch die uni-
versell heilige Silbe *om* gelehrt. Bei dieser Silbe verlangt
die Aussprache des letzten Buchstabens *m* die Lippen
zu schließen, ein Buchstabe, von dem angenommen

wird, dass er bewahrt, was sich noch nicht manifestiert
hat, und der seine Entsprechung in der Farbe Schwarz
haben soll.

Das Schweigen Marias stellt also nicht zwangsläufig
eine Abwesenheit von Worten dar, sondern einen Vorbehalt gegenüber Worten oder zukünftigen Ereignis-
sen, deren Manifestation noch nicht bekannt ist. Maria
– eine jede Frau? – wäre diejenige, die in sich das
Mysterium des noch nicht Geschehenen trägt, jenseits
all dessen, was bereits geschehen ist. Das bewahrhei-
tete sich nicht nur bezogen auf die natürliche Geburt,
sondern auch auf ein spirituelles Gebären. Ein göttliches Kind zur Welt zu bringen bedeutet, eine neue
Epoche der Menschheit zur Welt zu bringen. Und es
ist eine Frau, von der jener, den wir mit dem Namen
Gott bezeichnen, verlangt, eine solche Aufgabe zu
erfüllen.

Diese Interpretation ist möglich, und sie gesteht
den Frauen einen entscheidenden Beitrag an der
Inkarnation des Göttlichen auf der Erde zu. In unserer
Tradition sind nicht viele Frauen fähig anzuerkennen,
dass sie eine privilegierte Aufgabe zu erfüllen haben
hinsichtlich des Ereignisses des Göttlichen in der Welt.
Der überwiegend männliche Charakter unserer Kultur
hindert sie daran, ihre grundlegende Rolle im spirituellen Werden der Menschheit wert zu schätzen, eine
Rolle, die sie vernachlässigen, sogar verachten, zuguns-
ten eines mehr sozialen und sichtbaren kirchlichen
Amtes, das eher Männern zukommt.

SICHTBAR UND UNSICHTBAR

Wenn Maria in einem bestimmten Sinn sichtbar ist, so bleibt ihr Werk doch zum größten Teil unsichtbar. Gewiss, sie gebärt Jesus, aber ihre Weise, ihn zu gebären, bleibt ein Geheimnis. Wenn also der Bericht der *Genesis* uns die Erschaffung des Menschen beschreibt als das Ergebnis dessen, wie Gott seinen Atem in die Materie sendet, wer berichtet uns, dass Maria, um ein Kind zu gebären, ihren Atem mit dem Fötus teilt? Die Verkündigung weist uns darauf hin, dass der Engel Marias Atem auf einer höheren Ebene erweckt. Aber kein Text, auch kein Bild – ausgenommen einige Ikonen vielleicht – offenbaren uns, dass Jesus zu seiner Geburt den Atem Marias benötigte. Jesus wäre auf mysteriöse Weise durch den Atem Gottes gezeugt, aber das unsichtbare Teilen des Atems zwischen Maria und Jesus bleibt verschwiegen. Sie wäre nur ein Gefäß gewesen, ein bloßes Vehikel und eine Nahrung für die Geburt des Gottessohnes. Nun ist Marias Beteiligung an dieser Geburt jedoch spirituell geheimnisvoller, als es gesagt wird.

Jesus ist zudem von anderem Geschlecht als Maria. Den anderen als anderen zu respektieren, ihm Gastfreundschaft und Leben, nicht nur im eigenen Land und eigenen Haus sondern in einem selbst zu bieten, erfordert die Fähigkeit zu einer Selbsttranszendenz, die Maria beweist. Es ist nicht allein die absolute

Transzendenz Gottes – in gewissermaßen quantitativem Sinne –, die bei dem Auf-die-Welt-Kommen des göttlichen Kindes interveniert, es ist auch physische und psychische Arbeit, die das Entstehen eines Wesens, das different ist, erfordert. Die irreduzible Differenz zwischen einer Frau und dem, den sie empfängt, trägt, beschränkt sich nicht auf ein rein natürliches Werk. Es erfordert seitens der Frau im Verhältnis zu sich selbst eine Öffnung hin zu einer Transzendenz, die nicht mehr diejenige eines zwischen Mutter und Kind geteilten Gottes ist, sondern eine Transzendenz der irreduziblen Alterität des anderen. Die ethische Geste der Frau Maria besteht nicht einzig darin, das Leben des anderen zu respektieren, sondern einen natürlich und spirituell differenten anderen zu gebären. Mit dieser Geste, wenn sie willentlich und frei ausgeübt wird – wie von Maria, laut der Bibel –, hat die Frau bereits die natürliche Identität überwunden, auf die unsere Kultur sie zu oft reduzierte, auch die christlichen Theologen. Demgegenüber beweist sie die Fähigkeit, die Transzendenz des anderen zu respektieren, wozu tatsächlich nur wenige Männer fähig sind. Doch bleibt diese Geste größtenteils unsichtbar. Trotzdem inspiriert der bloße Anblick einer Frau, die einen Sohn in ihren Armen trägt, den Respekt vor der Überschreitung ihrer selbst, die eine solche Geburt seitens dieser Frau voraussetzt.

Eine Überschreitung, zu der nicht alle Frauen imstande sind, daher rühren gewisse Gesten der Aneignung oder Ablehnung, welche die Schwierigkeiten für eine Mutter bezeichnen, ihren Sohn als vollständig anderen zu respektieren. All die Diskurse über das nötwendige Einschreiten des Vaters, um das Kind von der Mutter-Natur zu trennen, vergessen, wie sehr die Frau sich bereits transzendiert hat, um eine solche Geburt auszuführen. Und die Intervention des Engels, der sich an den höheren Atem der Maria wendet und mit ihr Worte austauscht, scheint eher dem zu entsprechen, sie in ihrer unsichtbaren Anstrengung zu unterstützen, einem anderen natürliches und spirituelles Leben zu geben, der ihr transzendent ist.

Die Mutterschaft Marias zu betonen – als allgemeine Wertschätzung der Frau – ist sicherlich der Effekt des Privilegs, das dem Sichtbaren im Verhältnis zum Unsichtbaren in unserer Tradition zuteil wird. Diese imaginiert Gott als dem Menschen absolut unsichtbaren, zumindest ab einer bestimmten Epoche. Sie verkennt die Anwesenheit des Unsichtbaren im Sichtbaren, eine Dimension, die mit der Transformation der Materie selbst verbunden ist, eine Materie, die von dem Moment an nicht mehr der Opposition Materie / Geist, Körper / Seele unterworfen ist. Gewiss, einige Episoden aus Jesu wie auch aus Buddhas Leben spielen auf eine Transmutation der Materie an: zum Beispiel die Transfiguration Jesu, oder die Aura, die Buddha ausstrahlt. Die Auferstehung des Körpers könnte, was Jesus betrifft, auch auf diese Weise interpretiert werden. Und in Hinsicht auf Maria ist die Tatsache hervorzuheben, dass sie „in den Himmel auffährt", ohne Tod und Auferstehung zu durchlaufen. Aber das Werk der Transmutation der Materie, das sie in sich ausführt, um ihren vitalen Atem in spirituellen Atem umzuwandeln, um ihre Virginität selbst im Gebären zu wahren, den anderen als anderen zu respektieren, während sie sich selbst treu bleibt, ist nicht sichtbar. Es sei denn, wir veränderten unsere Sichtweise, lernten, das Unsichtbare im Sichtbaren zu kontemplieren anstatt den anderen auf definierte und festgelegte Art zu erfassen und zu riskieren, ihn einzig auf seine bloße Erscheinung zu reduzieren.

VON GNADE BERÜHRT

In der westlichen Tradition wird die sinnliche Perzeption als der geistigen Aktivität unterlegen betrachtet und muss ihr untergeordnet werden. Das, was wir wahrnehmen, drücken wir im Übrigen oft durch abstrakte Genera aus, die bereits dem Gegenstand unserer Wahrnehmung wie auch unseren Wahrnehmungen selbst die lebendigen Eigenschaften entziehen. Wir betrachten einen Baum, hören Musik, schätzen ein Gericht oder einen Duft, ohne uns dabei aufzuhalten, eine Birke zu betrachten, ein Impromptu von Schubert zu genießen, einen Pfirsich zu essen oder den Duft eines Pinienwaldes unter der Sommersonne oder nach dem Regen aufzunehmen. Nun kann das Verweilen bei der Wahrnehmung der lebendigen Realität und ihren sinnlichen Qualitäten anstelle ihrer Evokation durch ein Wort uns helfen, präsenter zu sein gegenüber dem, was uns umgibt, und gegenüber uns selbst, es kann uns zu einer aufmerksameren, respekt- und liebevollen Wahrnehmung erwecken. Zudem, wenn ich mir die Zeit nehme, ein lebendiges Wesen wahrzunehmen, werde ich bemerken, dass etwas von ihm für meine Sinne niemals völlig wahrnehmbar ist. Eine Margerite oder eine Rose anzuschauen lässt mich niemals ihres Saftes ansichtig werden, der die Blume belebt, von dem ausgehend sie mir erscheint, ohne dass ich ihn mir jemals aneignen könnte. Indem ich das Unsichtbare der Blume respektiere, nimmt meine

Wahrnehmung eine andere Dimension an, wird globaler, kontemplativer und unmerklich spirituell.

Das trifft umso mehr zu, wenn es sich um einen anderen Menschen handelt, besonders, wenn dieser verschieden von mir ist. Indem ich dabei verweile, ihn auf einer sinnlichen Ebene wahrzunehmen – ihn anzuschauen, seine Stimme zu hören, ihn zu berühren, während ich ihn als anderen respektiere, der zu einem Teil unsichtbar ist für mich, unhörbar, unberührbar von mir –, gehe ich von einer nur physischen Wahrnehmung des anderen zu einer spirituellen Wahrnehmung über, die eine Liebe zwischen uns erlaubt, die ohne Unterwerfung oder Aneignung des einen durch den anderen ist.

Eine Kultivierung unserer sinnlichen Wahrnehmung sollte in einer Tradition der Inkarnation eine bedeutende Rolle spielen und uns allmählich zu der Wahrnehmung einer sinnlichen Transzendenz, einer inkarnierten Transzendenz führen. Unsere Kultur, die christliche inbegriffen, betrachtet überdies das als transzendental, was unserer sinnlichen Wahrnehmung entgeht, das, was nicht inkarniert ist. Dies bedeutet, die christliche Botschaft einer philosophischen Logik zu unterwerfen, die nicht die ihre ist, eine Logik, die vorrangig durch Männer definiert worden ist, insbesondere dazu, sich von ihrem natürlichen, mütterlichen Ursprung zu emanzipieren, ohne die Frage nach dem spirituellen Werden ihrer Zugehörigkeit und ihrer sinnlichen körperlichen Beziehungen zu lösen.

Jesus, und vor ihm Maria, einer solchen philosophischen Perspektive zu unterstellen, bedeutet den Sinn der göttlichen Inkarnation bezüglich unserer menschlichen Entwicklung zu verkennen. Die Texte lehren uns jedoch die Bedeutung der sinnlichen Wahrnehmung in der Frohen Botschaft, die das Evangelium darstellt. Maria ist ihrer Umgebung und der natürlichen spirituellen Existenz der anderen gegenüber aufmerksam. Maria hat sich keineswegs in ideal-abstrakten Diskursen oder Verhaltensweisen verloren, die sie aus ihrem irdischen Leben exilierten. Sie ist so treu und demütig irdisch – im Kontrast zu Eva –, dass die meisten unserer westlichen theologischen Interpretationen in ihr ein bloßes Vehikel des Göttlichen sehen und nicht die erste göttliche Gestalt der Zeit der Inkarnation.

Künstler jedoch haben sich nicht täuschen lassen, zumindest jene nicht, die sich darum bemühten, in diversen Bildern, Ikonen, in der Musik, ja, in poetischen Worten das zu übersetzen, was sie von der Anwesenheit Marias verspürten. Möglicherweise hat kein anderes Thema sie gleichermaßen inspiriert wie diese in der Theologie so abwesende Frau. Und die Kunst stellt zweifellos in der Christenheit das treueste Mittel der Übertragung dar.

Jesus selbst bezeugt die Bedeutung der sinnlichen Wahrnehmungen in seiner Beziehung zur Welt und insbesondere zu den anderen. Er begegnet seinen Anhängern und spricht mit ihnen, zumeist in der Natur, Natur, mit der er während seines gesamten Lebens und noch bei seinem Tod eine große Intimität manifestiert. Jesu Sprache ist eher poetisch als philosophisch-abstrakt. Er sorgt sich um die Bedürfnisse und sogar um die sinnlichen Wünsche derjenigen, die zu ihm kommen, ihn bei sich aufnehmen, ihn lieben. Er heilt oft eine kranke Person durch das Berühren, auch durch das seiner Worte, oder er nimmt teilweise materielle, irdische Mittel: Erde, Wasser zu Hilfe, um jene zu heilen. Er appelliert auch an das innere Leben, an das Vertrauen desjenigen, der zu ihm gekommen ist, um mit dieser Person in Kommunion zu treten und sie so zu heilen oder von ihrem Übel zu erlösen.

Die Gnade, auch die der Verkündigung, geschieht durch ein Berühren, und nicht durch die Vermittlung einer abstrakten Sprache, die sich nur an das Mentale richtet und auf mehr oder wenige willkürliche Kodizes zurückgreift. Das Mysterium der göttlichen Inkarnation kann sich nicht ohne die Vermittlung des Berührens, auch eines sinnlichen, fleischlichen Berührens realisieren. Diejenigen, und besonders jene Frauen, die den abstrakten, rituellen und kodierten Charakter der Übermittlung der christlichen Botschaft verweigert haben, die MystikerInnen, knüpften in ihrer Tradition wieder an die Bedeutung des Berührens an, insbesondere was den taktilen Charakter der Gnade betraf. Aber das war zu oft mit Paroxysmen einhergegangen, oder mit exzessiven Schmerzen, um all das neu zu durchqueren, was sie aus ihrer unschuldigen und jungfräulichen Beziehung zum Berühren exiliert hatte.

Eine Kultur des Berührens als Ort der Vermittlung für das Empfangen der Gnade in uns und zwischen uns, wäre dies nicht eine Art, Vertrauen und Treue gegenüber dem Mysterium der Inkarnation, das durch die Verkündigung initiiert worden ist, zu manifestieren?

Wenn Maria das christliche Zeitalter einleitet, ist sie als solche doch nicht wirklich anerkannt, es sei denn als Mutter, die auf etwas mysteriöse Weise das Kind Jesus, den zukünftigen Erlöser der Welt, mit erzeugt.

Maria nimmt teil am Pantheon der Muttergöttinnen, die man in allen Traditionen wiederfindet. Im Gegensatz zu den meisten dieser mythischen Gestalten ruft sie keine Ambivalenz hervor. Sie ist die immer gute Mutter, ganz rein, von der nichts zu befürchten ist. Etwas, das ihr einen quasi einzigartigen Status in der Darstellung von Muttergöttinnen zuweist. Gewiss, man kann sie bestimmten griechischen Göttinnen annähern, zum Beispiel Demeter. Aber diese Göttin manifestiert nicht die Reinheit ohne jeden Tadel, die unerschütterliche Güte und Treue Marias. Und in den Demeter betreffenden Mythen wird der Bezug zur Fruchtbarkeit der Erde evoziert und nicht der spirituelle Charakter des Atems, insbesondere bei der Geburt.

Wenn man Maria ihrer rein mütterlichen Rolle enthebt, wenn man sie als Frau betrachtet, ließe sie sich einer der Partnerinnen des indischen Gottes Shiva annähern, des Gottes, der unserem Zeitalter entspricht. Von Shiva wird gesagt, er könne die Welt in die Zerstörung führen oder sie erretten, je nachdem, ob seine Partnerin Kali ist, im Allgemeinen schwarz dargestellt, oder Parvati, deren Farbe vornehmlich das Weiß ist. Kali ist diejenige, die in Gott Shiva das Feuer der Leidenschaft schürt, während Parvati diejenige ist, die ihn zügelt, ihn milde stimmt, auch durch die Liebe. Wie Maria entspricht auch Parvati dem frischen und in gewissem Sinne virginalen Teil des Gottes und trägt dazu bei, aus seinem Feuer eine Quelle der Kreation oder der Regeneration, nicht der Zerstörung zu machen. Wenn Parvati als Frau des Berges bezeichnet wird, das heißt eines Ortes, an dem die Luft fein, rein und frisch ist, erscheint Maria im Allgemeinen auf einem Hügel. Es gibt also eine Verwandtschaft zwischen diesen beiden weiblichen Gestalten, die erlaubt, uns einigen bestimmten universellen Paradigmen der göttlichen Dimension anzunähern und sie besser zu interpretieren. Beispielsweise sich nicht vorzustellen oder zu schnell zu glauben, Marias Virginität bedeute eine bloß fleischliche Enthaltung, eher bedeutet sie eine Fähigkeit, das Fleisch zu transformieren und zu transmutieren. Ansonsten riskieren wir in Hinsicht auf den Parcours der Divinisierung, Marias Keuschheit mit dem maßlosen Verhalten Evas gleichzusetzen oder auch sie männlichen Modellen zu beugen, denen ein spirituelles Teilen des Fleisches noch unbekannt scheint.

Tatsächlich scheint Maria eher eine Frau zu sein, welche die Tradition der Weisheit repräsentiert und in einem männlichen Universum bewahrt, in dem das Feuer oft vorherrschend und zerstörerisch ist. Sie ist diejenige, der es sogar gelänge, den Zorn Gottes zu bändigen, sein Bedürfnis oder seinen Wunsch nach Rache in Mitgefühl, in Liebe zu transformieren. Maria ist die Vermittlerin zwischen Gott und den Menschen.

Sie ist diejenige, die über ihre Torheiten lächelt – auch Jesus gegenüber, wie uns das Evangelium erzählt –, sie versucht die Menschen zu beruhigen und setzt sich für sie bei Gottvater ein und bittet um seine Geduld, seine Milde gegenüber den menschlichen Maßlosigkeiten. Für Maria wäre der Geist weniger Feuer als vielmehr Frische des Atems, der sich erhebt, subtiler wird, Äther und Licht wird.

Diese Transformation des Atems, insbesondere des Atems der Liebe, in Licht, die uns vor dem zerstörerischen Charakter des Feuers retten kann, ist uns Westlichen nahezu unbekannt. Und die entscheidende Rolle, die eine Frau in einer solchen Kultur der Weisheit spielen kann, bleibt verkannt und von der Mehrzahl unter uns sogar verachtet. Sie ist jedoch gleichermaßen komplex und entscheidend für das vitale und spirituelle Werden der Menschheit. Sie erfordert nicht nur eine äußere Tätigkeit, die sowohl Energie verbraucht als auch eine weniger natürliche Energie produziert, die schnell zerstörerisch wird – was die Männer, aber auch zum Teil die Maschinen auszeichnet. Eine Kultur der Weisheit erfordert eine innere Arbeit, ein Tun, aber auch ein Laissez-faire und Seinlassen, das empfängt, was in einem selbst geschieht, indem es transformiert wird. Etwas, wozu Frauen fähiger sind, zumindest wenn sie sich selbst treu bleiben. Und wonach auch die heutige Menschheit ein dringendes Bedürfnis hat hinsichtlich ihres Überlebens und ihres Werdens.

Dieser innere Prozess der Spiritualisierung des Menschen erfordert Demut – eine ebenso diskreditierte Tugend wie die Virginität, aufgrund einer Interpretation, die deren wahren Sinn verkennt. Die Demut ist das, was erlaubt, offen und empfänglich zu bleiben, nicht blind der Welt, dem anderen, der Gnade unterworfen zu sein. Die Demut ist ein wesentliches Element einer Weisheitskultur und keine bloß psychische Haltung, die Folgsamkeit und Unterwerfung einem Herrn und Meister gegenüber manifestiert.

EINE BRÜCKE IN RAUM UND ZEIT

Die Weisheitstraditionen haben existiert und in bestimmten Kulturen existieren sie noch. Sie entsprechen Gesellschaften oder Gemeinwesen, in denen Frauen stärker präsent sind und größeren Einfluss im spirituellen und kulturellen Leben ausüben. Der Umgang mit solchen Traditionen – insbesondere durch das Praktizieren von Yoga und die Annäherung an Kulturen, die damit verbunden sind – erlaubte mir, etwas von der Person Maria wahrzunehmen jenseits dessen, was eine patriarchale und phallokratische Tradition wie die unsrige interpretiert.

Mein Engagement hinsichtlich der Frauenbefreiung und allgemeiner der menschlichen Befreiung, führte mich auch dazu, eine bestimmte Anzahl an Werken über Kulturen zu lesen, die der unsrigen vorausgegangen sind und jene allmählich ausgelöscht hat, in dem sie andere Werte an ihre Stelle setzte. Das männliche Machen, die Technik, der mehr oder weniger konfliktreiche und kriegerische Wettkampf, die quantitativen Evaluierungen, letztendlich in Geldwerten gemessen, der Austausch zwischen Menschen und von Menschen haben schrittweise den Respekt vor dem Leben und seinem Wachstum verdrängt, auch den Vorrang der natürlichen Fruchtbarkeit im Verhältnis zur künstlichen Kreation oder Fabrikation, sie haben eine inkarniertere Sprache künstlerischer Ausprägung und eine gemeinschaftliche Organisation verdrängt, die verbunden war mit dem Realen der Genealogie und der natürlichen Umgebung, die nicht abhängig war von mehr oder weniger willkürlichen und abstrakten Gesetzen oder Kodizes.

Allmählich siegte eine männliche Ordnung über die weibliche. Und es ist kein Zufall, dass das Wesentliche der christlichen Botschaft sich fortschreitend einzig mit der Person Jesu verbindet, auf Kosten der Gestalt Maria und ihrer Rolle als Mit-Erlöserin der Welt. Die Trennung der Kirchen des Ostens und des Westens hat eine solche Entwicklung beschleunigt und abgesichert. Ungewiss ist, ob eine Lektüre des Evangeliums, die sich jetzt als äußerst abhängig von westlicher Metaphysik erweist, wirklich getreu der Botschaft der Inkarnation und seiner Funktion der Erlösung erfolgt. Es scheint manchmal, als seien wir in die Verfehlung Evas zurückgefallen, die sich das göttliche Wissen anzueignen suchte und für ein derartiges Vorgehen den Mann zum Komplizen nahm, bevor sie fähig war, ihren eigenen Atem zu kultivieren, ihre eigene Natur zu divinisieren hinsichtlich eines spirituellen Teilens mit dem anderen, auch hinsichtlich eines fleischlichen Teilens.

Ich verkenne nicht, dass viele westlichen Frauen – insbesondere Intellektuelle und Feministinnen – sehr schlecht über Maria denken. Es ist nicht ausgeschlossen, dass ihr Urteil determiniert ist durch eine männliche Kultur, von der sie sich zu befreien glauben, während sie sich ihr unterwerfen, im Mangel, eine andere Kultur zu sehen. Sicher, es ist schwieriger und anspruchsvoller eine neue Kultur zu konstruieren als diejenige zu kritisieren, die bereits existiert. Und es stimmt, dass das Schweigen Marias, im Unterschied zu den Texten des Evangeliums, nichts erzwingt und uns freistellt, eine Zukunft zu erfinden, die uns gefällt. Des Weiteren ist es angebracht, dass diese Zukunft einer Treue uns selbst gegenüber entspricht, einer Kultivierung unserer eigenen Energie und nicht einem Verlust unserer Kräfte in der Imitation von Werten, die nicht die unseren sind, oder durch Forderungen und Konflikte.

Wenn Maria auf die Mutterrolle eines Sohnes beschränkt wird, motiviert das zweifellos keine heutige Frau, sich mit Maria zu beschäftigen, sich hinsichtlich ihrer zu befragen, denn sie erscheint wie die Sklavin und Garantin patriarchaler Herrschaft. Aber es hat nicht den Anschein, dass die Person Maria auf eine derartige Funktion beschränkt werden kann. Wenn die gesamten Passagen des Evangeliums, die sie evozieren, miteinander verknüpft werden, wenn alle Marien-Darstellungen betrachtet werden, die uns die Künstler bieten, wenn all die von Maria inspirierten Kunstwerke berücksichtigt werden, die Gnaden und Hilfen, die Maria verteilt hat, wie kann man sich da nicht über das Mysterium befragen, das Maria darstellt? Ein Mysterium, das seine Geheimnisse noch nicht in Gänze enthüllt hat, und das partiell immer ein Mysterium bleiben wird angesichts dessen, was in ihm an Berühren, Intimität und Unsichtbarem Eingang findet. Ein Mysterium, das – unserer Tradition gemäß – verwechselt worden ist mit der mütterlichen Rolle Marias statt in ihrer weiblichen Identität angesiedelt zu sein, von der ausgehend sie sich jedoch weiterhin in der Welt manifestiert.

Zunächst verbleibt das Mysterium oder das Mystische bei der Frau Maria und wird in unserer Kultur nicht enthüllt werden, in einem gewissen Sinn ist es niemals enthüllbar. Es hat Teil an der Integrität der weiblichen Präsenz – Inkarnation eines nicht zu enthüllenden Mysteriums. Das bedeutet nicht, dass sich dieser Präsenz nicht anders genähert werden kann als durch unsere Logik und Rationalitätsdiskurse, wenn die weibliche Präsenz nicht Gewalt oder Verachtung oder bloß Ignoranz und Vergessen auf sich ziehen will. Man kann sich ihr zum Beispiel nähern durch die Kunst, durch die poetische Sprache oder den Gesang, durch Gesten der Sammlung oder Selbst-Affektion, die der narzisstischen Isolierung oder Arroganz fremd sind. Man kann sich ihr nähern durch die Kultivierung des Atems und eine Praxis der Konzentration, die nicht bei einem präzisen Objekt verweilt.

Die weibliche Präsenz kann gleichfalls dank des Schweigens empfunden werden – unsrigem und dem Marias –, einem Schweigen, das Rückkehr bedeutet und Ruhen in sich selbst und dort eine Fülle restauriert oder bewahrt, aus der eine Zukunft keimen und entstehen kann, eine Zukunft, die noch nicht geschehen ist. Diejenige, die wir noch erwarten – die der Inkarnation der göttlichen Präsenz einer Frau. Eine Frau, die fähig ist, eine zeitliche Brücke zwischen Vergangenheit, Gegenwart und Zukunft zu bilden, und eine räumliche Brücke zwischen allen Kulturen der Welt dank ihrer spirituellen Virginität – in der Bewahrung eines lebendigen und freien Atems, der auf wen oder was auch immer irreduzibel ist.

WEITERE PUBLIKATIONEN VON DER AUTORIN LUCE IRIGARAY IN DEUTSCHER SPRACHE

Waren, Körper, Sprache: der ver-rückte Diskurs der Frauen, Berlin, Merve, 1976.

Unbewusstes, Frauen, Psychoanalyse, Berlin, Merve, 1977.

Das Geschlecht, das nicht eins ist, Berlin, Merve, 1979.

Und die eine bewegt sich nicht ohne die andere, in: Freibeuter 2/1979, Berlin, Wagenbach, 1979.

Speculum, Spiegel des anderen Geschlechts, Frankfurt am Main, Suhrkamp, 1980.

Zur Geschlechterdifferenz: Interviews und Vorträge, Wien, Wiener Frauenverlag, 1987.

Die Zeit der Differenz: für eine friedliche Revolution. Frankfurt am Main / New York, Campus, 1991.

Ethik der sexuellen Differenz, Frankfurt am Main, Suhrkamp, 1991.

Genealogie der Geschlechter, Freiburg, Kore, 1989.

Der Atem von Frauen. Luce Irigaray präsentiert weibliche Credos, Rüsselsheim, Göttert-Verlag, 1997.

Die Zeit des Atems, viersprachige Ausgabe, Rüsselsheim, Göttert-Verlag, 1999.

Zu zweit, wie viele Augen haben wir? Viersprachige Ausgabe, Rüsselsheim, Göttert-Verlag, 2000.

Welt teilen, Freiburg, Karl Alber, 2010.

Der Name des Verlages heißt in die deutsche Sprache übersetzt „der Verlag des öffentlichen Ausrufers". Der öffentliche Ausrufer ist eine Art Vorläufer des heutigen Journalisten. Er war schon im alten Griechenland auf den Straßen zu finden, mit der Glocke in der Hand zog er die Menge an und verkündete die Neuigkeiten.

Der Verlag hat es sich zur Aufgabe gemacht sowohl die Werke bedeutender französischsprachiger Wissenschaftler, Journalisten oder Kritiker aus den Geistes-, Sozial- und Humanwissenschaften ausfindig zu machen und in deutscher Sprache zu verlegen als auch die Schaffung neuer Werke anzuregen und zu ermöglichen.

Durch die Veröffentlichung der Ideen, Erkenntnisse und Meinungen dieser französischsprachigen Intellektuellen soll ein kleiner Beitrag zum Gedankenaustausch zwischen Deutschland und Frankreich geleistet werden. Die dort geführten Debatten und Auseinandersetzungen sollen auch hierzulande ihre Fortsetzung finden können.

Gegründet wurde das Unternehmen 2010 in Hamburg von einer Journalistin, der im Rahmen ihrer Lehrtätigkeit an der Universität Hamburg auffiel, dass es zu bestimmten Themen Lücken im deutschen Buchsortiment gibt, und ihrem Mann, einem auf Medien spezialisierten Unternehmensberater.

**NEUERERSCHEINUNG IN 2012
VON LES ÉDITIONS DU CRIEUR PUBLIC**

Voraussichtlich im April 2012 wird das Buch

MENSCHENZOOS

erscheinen. Die Originalausgabe „Zoos humains"
wurde von Pascal Blanchard, Nicolas Bancel,
Gilles Boëtsch, Eric Deroo und Sandrine Lemaire
erarbeitet.

Das auch heute noch bewusst oder unterbewusst ver-
breitete Bild des Wilden, des „Negers", des Exoten
wurde in der Zeit von 1860 bis 1930 in Europa, Ame-
rika und Japan durch Menschenzoos geprägt. Millio-
nen von Menschen gingen „mit Kind und Kegel" in
den Zoo oder zu den Ausstellungen, um erstmals in
ihrem Leben „die Wilden" zu sehen. Diese wurden
hinter Zäunen ausgestellt, wie Tiere. Gelegentlich
fand sich auch der entsprechende Hinweis „Bitte nicht
füttern".

Im öffentlichen Bewusstsein sind diese in Deutschland insbesondere von Carl Hagenbeck wirtschaftlich
sehr erfolgreich organisierten „Völkerschauen" fast
nicht mehr präsent. Doch spielten diese Schauen eine
wesentliche Rolle im Kolonialzeitalter. Sie befriedigten
das Interesse an den fremden Kulturen in einer rassis-
tischen Form und schufen generationenübergreifende
Vorurteile.

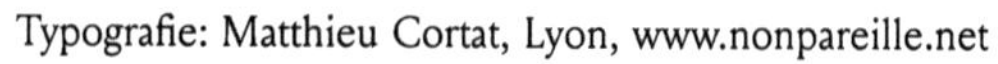

Typografie: Matthieu Cortat, Lyon, www.nonpareille.net